Émile de Laveleye

La monnaie internationale

essai

Émile de Laveleye

La monnaie
internationale

essai

Table de Matières

Partie I   7

Partie II   17

Partie III   21

Par un singulier contraste, tandis que les gouvernemens s'efforcent de toutes parts de rendre leur établissement militaire plus redoutable en perfectionnant l'armement et en augmentant le nombre de leurs soldats, les peuples travaillent à resserrer leurs relations, à les faciliter, à les multiplier par la construction de chemins de fer et de lignes électriques, par la réduction des droits qui s'opposent aux échanges et par l'adoption des mêmes lois commerciales. Dans les affaires contemporaines, on observe ainsi deux courans allant en sens contraires, l'un vers l'hostilité et la lutte, l'autre vers l'harmonie et la paix. Parmi les faits pacifiques qui ont pour résultat de favoriser les relations internationales, on peut signaler le mouvement qui se produit de tant de côtés divers pour arriver à un système commun de poids, de mesures et de monnaies. L'union monétaire entre tous les peuples, si on parvenait à l'établir, constituerait un des plus heureux progrès de notre époque. On n'en est pas aussi éloigné qu'on aurait pu le croire naguère, et ce qui n'était considéré, il y a peu d'années, que comme une chimérique utopie[1] pourrait avant peu se transformer en réalité. La convention monétaire conclue récemment entre la

---

1 Déjà au XVIe siècle, dans l'enthousiasme de la rénovation qui semblait alors devoir transformer le monde, cet idéal de fraternité universelle fut entrevu par un homme de bien que l'esprit d'union qui est dans l'Évangile rendait pour ainsi dire prophète. M. Reeve rappelait récemment dans l'*Edinburgh Review* ces quatre vers si remarquables du landgrave de Hesse :

> Hätten wir alle einen Glauben,
>
> Gott und Gerechtigkeit vor Augen,
>
> Ein Gewicht, Maass, Munz und Geld,
>
> Dann stünde es besser in dieser Weld.

« Si tous les hommes, élevant leurs regards vers Dieu et vers la justice, avaient mêmes croyances, mêmes poids, mesures et monnaies, tout irait bien mieux dans ce monde. » Simon Stevin, de Bruges, cet ingénieux précurseur des hautes mathématiques, l'inventeur d'un système complet de numération décimale applicable aux poids, mesures et monnaies, indique le moyen de réaliser la réforme monétaire dans son curieux traité intitulé *la Disme enseignant facilement à expédier par nombres entiers, sans rompus, tous comptes se rencontrant aux affaires des hommes.* Dans ses tables d'intérêts (en flamand *Tafelen van interest*), il donnait déjà en 1582 la première application des fractions décimales, et aujourd'hui, en 1867, après deux siècles de progrès en tout genre, ni l'Angleterre ni l'Allemagne ne sont encore parvenues à adopter ce système si commode et si parfait, vainement réclamé par tous les hommes d'affaires.

Émile de Laveleye

France, l'Italie, la Suisse et la Belgique a fixé l'attention des autres nations. Les États-Unis, l'Angleterre surtout, ont été frappés des avantages qui en résulteront pour les pays qui désormais auront le même instrument de circulation, le même intermédiaire des échanges. Des économistes pratiques, des hommes spéciaux se sont mis à chercher par quels moyens l'on pourrait former une confédération monétaire universelle. Ce sont ces vues que nous voudrions faire connaître, afin de montrer comment il serait possible de les réaliser.

Partie I

De nombreuses raisons, que le mouvement économique de notre temps rend chaque jour plus pressantes, semblent réclamer l'adoption d'un instrument d'échange international, circulant partout et consacrant la communauté d'intérêts qui relie tous les peuples. D'abord il en résulterait une grande commodité pour les voyages à l'étranger. Le nombre de ceux qui franchissent chaque année les frontières de leur pays est déjà très considérable, et il augmentera sans cesse à mesure que les relations commerciales se développeront et que les tarifs des chemins de fer seront réduits. Autrefois les riches seuls voyageaient ; aujourd'hui toutes les classes de la société, les ouvriers même, vont au dehors, attirés par l'intérêt ou par l'agrément. Or pour tout le monde, pour cette dernière catégorie de voyageurs surtout, c'est un grand ennui et fréquemment aussi un dommage d'argent que d'être obligé de se servir d'une monnaie étrangère dont on ignore la valeur exacte. La perte du change peut être assez minime, mais elle est particulièrement désagréable à subir. En outre l'absence d'une monnaie commune cause à chaque instant des froissemens qui irritent le voyageur contre les populations dont il traverse le territoire. En Allemagne par exemple, quand il faut passer en un jour du thaler au florin du Rhin, du florin du Rhin au florin d'Autriche, du silbergros au kreutzer, on ne peut se défendre d'un mouvement d'impatience d'autant plus vif qu'il est bien difficile d'échapper, aux petites voleries auxquelles vous exposent ces fréquens changemens de monnaie. Qui a voyagé de l'autre côté du Rhin sans entendre de fréquentes récriminations à ce sujet ? Ce sont là des misères, dira-t-on peut-être, auxquelles l'économiste ne peut prêter attention ; de *minimis non curat prœtor*. Les pertes d'argent qui en résultent sont de peu d'importance sans doute, mais l'irritation qu'elles occasionnent, les préjugés hostiles qu'elles entretiennent, nuisent plus qu'on ne le croit aux bons rapports des nations entre elles. N'a-t-on pas vu naguère la presse de l'Angleterre et celle de la Prusse se renvoyer les accusations les plus irritantes et enflammer les susceptibilités nationales à propos d'une altercation survenue entre un touriste anglais et un garde-convoi prussien ? Sous bien des rapports, les peuples sont encore de grands enfans, et rien n'est indifférent de ce qui peut faciliter leurs relations et supprimer des occasions de froissemens et de malentendus. Ce n'est pas un minime résultat obtenu par la récente convention monétaire, d'avoir permis au voyageur de parcourir la Belgique, la France, la Suisse, l'Italie, et de se rendre des bouches de l'Escaut au pied de l'Etna en se servant partout de la même monnaie.

La solidarité chaque jour plus étroite des différens marchés monétaires trouverait aussi un utile auxiliaire dans l'emploi d'un même agent de la circulation. Il en était autrefois des métaux précieux comme du blé. Chaque nation, cantonnée dans son égoïsme, s'efforçait d'en conserver pour elle-même un large approvisionnement, au risque d'augmenter la détresse du voisin. Comme tous agissaient de même, chacun était atteint à son tour bien plus rudement que si le surplus relatif des uns était venu alternativement compenser le déficit dont souffraient les autres. Aujourd'hui les barrières se sont abaissées. L'argent et le blé peuvent se diriger vers les marchés où les attirent la demande et l'appât des hauts prix. Il est bon que rien ne vienne arrêter ce mouvement naturel vers l'équilibre et l'égalité. L'eau se précipite dans les creux pour se mettre partout au même niveau ; de même, tous les produits tendent à quitter les endroits où ils abondent pour se diriger vers ceux où ils font défaut. L'adoption d'une monnaie internationale favoriserait ce mouvement dont les deux parties profitent. L'argent, obéissant à l'action du change comme les marées à l'influence des astres, tend à affluer là où l'appelle l'élévation du taux de l'intérêt ; mais, dans ses va-et-vient de flux et de reflux, il rencontre un obstacle qui naît de la diversité des types et des étalons monétaires. Dans le pays d'origine, la monnaie a une puissance d'acquisition égale à sa valeur nominale ; à l'étranger, elle ne vaut plus que comme marchandise. Il y a donc généralement une perte à subir lorsque l'on exporte du numéraire, et cette perte constitue une entrave à la facilité des transactions. Quand il faut passer d'un pays à étalon d'Or dans un pays à étalon d'argent, comme d'Angleterre en Allemagne, les transports de numéraire souffrent une difficulté plus grande encore, parce que le rapport de valeur établi entre les deux métaux précieux n'est pas le même dans les deux pays. M. Goschen[1] a très bien montré que dans ce cas une différence d'intérêt de 3 à 4 pour 100 ne suffit pas toujours pour appeler l'argent sur la place où il fait défaut. Afin de diminuer l'intensité des crises monétaires, il serait donc désirable qu'un instrument de circulation international fût adopté partout. Il pourrait affluer sans obstacle, librement, comme l'élément liquide, vers les endroits qui en auraient le plus besoin.

Je n'ignore pas que tout échange ne donne pas lieu à un paiement de valeur égale en monnaie. J'ai eu l'occasion de rappeler dans la *Revue*[2] comment les échanges internationaux se règlent en très grande partie au moyen de la lettre de change ; mais néanmoins l'excédant des importations sur les exportations, qui résulte du défaut d'équilibre dans la balance commerciale, doit se solder en argent, et à mesure que les relations des peuples se multiplient et que le commerce prend des proportions plus colossales, ces excédans, chaque année variables, deviennent plus importans. Il est donc à désirer que la même monnaie puisse servir à régler ces différences, tantôt au profit de tel pays, tantôt au profit de tel autre.

Il est enfin un caractère du mouvement économique contemporain qui appelle également une réforme monétaire. Le capital est devenu cosmopolite. Le génie industriel des nations de l'Europe occidentale ne se contente plus d'exploiter le fonds productif de la patrie ; il s'aventure au loin pour faire valoir les ressources immenses et jusqu'à présent négligées des pays moins avancés. Il se transporte partout en Europe et au-delà des mers, emportant avec lui le capital nécessaire pour construire des chemins de fer, ouvrir des mines, fonder des banques, améliorer l'agriculture,

---

1 *Théorie des Changes étrangers*, par M. G. Goschen, membre du parlement, traduction de M. Léon Say.
2 Voyez, dans la *Revue* du 1er et du 15 janvier 1865, *les Crises commerciales*.

percer les isthmes, établir des irrigations, en un mot entreprendre les travaux les plus divers en Autriche, eh Italie, en Espagne, en Russie, en Turquie, aux Indes, au Brésil, dans le monde entier. Toutes ces contrées, impatientes de tirer profit de leurs avantages naturels, offrent un intérêt très élevé qui détourne l'épargne des placemens moins rémunérateurs dont on se contentait autrefois. Ces opérations à l'étranger ont donné lieu à bien des mécomptes, mais elles sont la conséquence d'un mouvement économique qui continuera d'entraîner au dehors les capitaux surabondans. Or, pour transporter ces capitaux dans les pays où ils sont réclamés, et où, bien utilisés, ils peuvent enrichir à la fois le prêteur et l'emprunteur, il faut du numéraire. Si ce numéraire était émis d'après up type uniforme et une valeur égale, il est certain que la circulation du capital d'un pays dans un autre deviendrait aussi facile qu'il l'est maintenant dans le cercle des frontières de chaque nation.[1]

Nous n'insisterons pas davantage pour montrer l'utilité que présenterait une monnaie internationale ; quoi qu'on en ait dit, elle est si évidente que la plupart des peuples adopteraient la réforme, si elle pouvait s'accomplir sans trop déranger les habitudes anciennes et sans léser les droits acquis. La convention monétaire du 23 décembre 1865, intervenue entre la France, l'Italie, la Belgique et la Suisse, offre à ce sujet un précédent qui mérite d'être étudié. Comme on l'a reconnu en Angleterre, ce traité, qui ne règle qu'un intérêt purement économique, est néanmoins un de ceux qui répondent le plus exactement aux tendances de notre époque, parce qu'il consacre et favorise l'union fraternelle des peuples.

La convention qui a donné une même monnaie à un groupe de 68 millions d'hommes est sortie, comme toutes les choses appelées à durer, de la nécessité des circonstances. Parmi les états qui entourent la France, il en est trois qui avaient adopté le système monétaire français, l'Italie, la Belgique et la Suisse. Ce système

---

1 Déjà, comme l'a fait remarquer M. Horn, le franc est adopté comme monnaie internationale pour le tarif des dépêches électriques. Autre fait du même ordre qui indique aussi le besoin d'une monnaie commune, et qui prouve avec quelle facilité elle s'introduirait : le capital et les intérêts des obligations créées en Russie, en Italie, en Espagne, en Turquie, sont déclarés payables en différentes monnaies dont l'équivalence est fixée d'une manière seulement approximative, la livre sterling étant comptée à 25 francs, le rouble à 4 francs, etc.

Émile de Laveleye

admet, comme on le sait, un double étalon, c'est-à-dire que tout débiteur peut payer son créancier en monnaie d'or ou en monnaie d'argent à son choix. Dans les pays à étalon unique, cette faculté n'existe pas. Ainsi en Angleterre tout paiement excédant 2 livres sterl. (50 francs) doit se faire en monnaie d'or. En Hollande, en Allemagne, pays à étalon d'argent, ce métal a seul le privilège du cours légal illimité. Pour assurer la circulation simultanée de l'or et de l'argent, la loi française avait établi un rapport fixe de valeur entre les deux métaux. Ce rapport, exprimé par les chiffres 1 à 15 1/2, était celui qui existait en l'an XI quand la loi fut votée. D'après cette loi, dont le principe est encore en vigueur maintenant, on peut s'acquitter d'une dette de 200 fr. en livrant soit 64g,51 d'or, soit 1 kilogramme d'argent, monnayés de façon à contenir 9 dixièmes de métal pur et 1 dixième d'alliage, c'est-à-dire au titre de 900 millièmes de fin. De ce choix que le système du double étalon laisse au débiteur de se libérer tantôt avec de l'or, tantôt avec de l'argent, sont nées les difficultés auxquelles la convention monétaire du 23 décembre 1865 a essayé de porter remède. Il n'est pas difficile de comprendre comment elles se sont produites. C'est en vain que la loi déclare que 1 kilogramme d'or vaut 15 kilogrammes 1/2 d'argent. La valeur relative de ces deux métaux dépend des quantités qui en sont produites et consommées, offertes et demandées. Avant la découverte des *placers* de l'Australie et de la Californie, l'or valait plus de 15 fois 1/2 l'argent. Il en résultait qu'en France l'argent était le seul agent de la circulation. Les pièces d'or étaient une monnaie de luxe, une marchandise qu'on achetait en cas de besoin chez les changeurs en payant une prime de 5 à 10 par 1,000. Tous les paiemens se faisaient en écus de 5 francs. Quand l'or de l'Australie et de la Californie arriva sur le marché européen par afflux annuel d'environ 1/2 milliard, le rapport de valeur entre les deux métaux se modifia peu à peu en faveur de l'argent, qui commença de faire prime, d'autant plus qu'il était très recherché à cette époque pour payer les marchandises de l'Indo-Chine, dont l'importation en Europe augmentait rapidement. Il y eut dès lors, pour les négocians en métaux précieux, une opération très fructueuse à faire dans tous les pays à double étalon. Au moyen de 1 kilogramme d'or transformé en napoléons à la Monnaie, ils achetaient 15 kilogrammes 1/2 d'argent en pièces de 5 francs, et, comme sur le marché extérieur ces 15 kilogrammes 1/2 d'argent valaient plus que le kilogramme d'or, la différence constituait leur bénéfice. Ils ne prirent d'abord que les pièces les moins usées, parce qu'elles contenaient le plus de métal fin, mais de 1856 à 1859 la demande d'argent pour l'Inde devint si intense et la prime si forte, que presque toutes les pièces d'argent furent enlevées, même celles de 1 franc et de 1/2 franc, que le frai, c'est-à-dire l'usure, n'avait pas trop réduites. De 1852 à 1860, les relevés de la douane constatent que plus de 1 milliard 1/2 d'argent s'écoula de la France, remplacé par 2 milliards 1/2 d'or.

La France et les pays qui avaient le même système monétaire étaient devenus un vaste et productif *placer* d'argent qu'on exploitait au profit de l'extrême Orient. Ce courant métallique, qui depuis la plus haute antiquité se dirige toujours en sens inverse du soleil, d'occident en orient, avait pris à cette époque un caractère particulier : il apportait l'or en. Europe et en emportait, l'argent. C'est alors que, au grand effroi de certains économistes et à la satisfaction non moins grande du public, se produisit cette révolution monétaire qui substitua dans nos mains au lourd et encombrant écu de 5 francs les élégantes et portatives pièces d'or. Parmi les états à doublé étalon, plusieurs essayèrent d'échapper à la perte que leur faisait subir la substitution du métal déprécié, l'or, au métal recherché, l'argent. Pour y parvenir, il n'y avait qu'un moyen : c'était d'enlever à l'or la qualité de monnaie, afin de l'empêcher de pénétrer dans la circulation. C'est la mesure qu'adopta d'abord la Hollande, mue par des raisons théoriques, avant même que l'affluence de l'or californien fit sentir ses effets. La Belgique en 1850, la Suisse bientôt après, démonétisèrent l'or à leur tour, et adoptèrent comme unique étalon le franc d'argent, c'est-à-dire une pièce contenant 4 grammes 1/2 de métal fin et 1/2 gramme d'alliage. Cette mesure, conforme à la rigueur des principes économiques, réussit en Hollande, où on avait un système monétaire spécial basé sur le florin des Pays-Bas ; mais elle échoua en Belgique et en Suisse, parce que les populations, habituées à une communauté monétaire complète avec la France, ne purent se décider à repousser de la circulation le napoléon d'or, en vain frappé d'interdiction légale. L'or étant ainsi reçu par les particuliers et repoussé par les caisses de l'état, il en résulta des

Émile de Laveleye

embarras si sérieux et des réclamations si vives, que la Suisse en 1860 et la Belgique en 1861 furent obligées de revenir malgré elles au système du double étalon. Pour faire réussir leur tentative, ces deux pays auraient dû rompre complètement avec le système français. Il était bien difficile de conserver toutes les dénominations de ce système et de faire repousser par le public les pièces d'or qui les représentaient, surtout en présence de l'immense commerce fait avec la France. L'or, triomphant partout, devint donc l'instrument principal des échanges.

Nul probablement ne se serait plaint de cette révolution métallique qui substituait une monnaie commode et légère à une monnaie qui rappelait par trop celle de Sparte, si l'écoulement de l'argent n'avait pas entraîné aussi les petites pièces de 1 franc et de 1/2 franc, qui sont indispensables pour payer les salaires et pour opérer les achats de ménage. Il ne restait donc dans la circulation, en fait de petites pièces, que celles usées au point d'avoir perdu jusqu'au dixième de leur poids, et dont les empreintes avaient disparu. Encore étaient-elles en quantité insuffisante. Dans plus de la moitié des départemens français, des plaintes très vives s'élevèrent à ce sujet, et les industriels du département du Nord, pour payer leurs ouvriers le samedi, étaient obligés de faire venir de Belgique la petite monnaie, qui leur faisait complètement défaut. A cet état de choses si gênant, il fallait un remède. Ce remède était indiqué par l'exemple de l'Angleterre, qui en 1816 avait abaissé le titre de sa monnaie d'argent, décrétant en même temps qu'elle ne devait plus être reçue obligatoirement pour une somme supérieure à 2 liv. sterling. La France et les pays où le système français était en vigueur n'avaient pas le choix, car il eût été inutile de frapper des pièces à l'ancien titre : aussitôt sorties du balancier, elles auraient été exportées, la rectitude du poids appelant la spéculation par l'appât d'un bénéfice assuré.

La Suisse fut la première à adopter la mesure, devenue inévitable, de réduire la petite monnaie d'argent à l'état de billon. Par la loi du 31 janvier 1860, elle abaissa le titre de ses pièces de 1, de 2 fr. et de 50 centimes de 900 à 800 millièmes de fin. En 1862, l'Italie l'imita, mais elle s'en tint au titre de 835 millièmes. La France, par la loi du 25 mai 1865, s'arrêta au même titre, mais ne l'appliqua qu'aux pièces de 50 et de 20 centimes. Les trois états avaient respecté l'écu de 5 francs. La Belgique seule était restée fidèle au système monétaire de l'an XI. Il en résultait qu'elle ne pouvait battre de petite monnaie, et qu'elle était réduite à se servir des pièces de plus en plus usées que le commerce des métaux précieux dédaignait comme trop avilies. C'est pour obvier à cette situation sans issue que le gouvernement belge fit, dans le courant de l'année 1865, des ouvertures au gouvernement français, afin d'arriver à une convention monétaire basée sur une réforme de l'ancien système faite de commun accord. Ces ouvertures furent bien accueillies à Paris, et la France proposa de réunir une commission internationale chargée de rechercher quelles seraient les meilleures conditions de fabrication et de circulation des monnaies en France, en Italie, en Belgique et en Suisse. Cette proposition devait être bien reçue, car ces quatre pays, ayant une législation monétaire sortie d'une source commune et entretenant d'importantes relations commerciales, devaient désirer l'adoption d'un intermédiaire commun des échanges. Par suite des lois nouvelles, le franc, conservé comme unité monétaire, ne représentait plus la même valeur dans les différens pays où il circulait. Ainsi le kilogramme d'argent monnayé en pièces divisionnaires, qui en Belgique devait encore contenir 900 grammes de métal fin et valoir 200 francs, n'en renfermait plus que 835 en France et en Italie, avec une valeur de 185 francs 55 centimes, et 800 grammes en Suisse, ne valant que 177 francs 77 centimes. Aussi les pièces suisses avaient-elles été proscrites des caisses publiques des autres états.

Les commissaires internationaux se réunirent à Paris dans l'hôtel du ministère des affaires étrangères, sous la présidence de M. de Parieu, vice-président du conseil d'état, le 20 novembre 1865. Tous étaient pénétrés de l'importance du but à atteindre et autorisés à se faire des concessions réciproques. Chacun des, quatre gouvernemens avait choisi des hommes parfaitement au courant de la question qu'il s'agissait de traiter. C'était pour la France M. de Parieu et M. Pelouze, président de la commission des monnaies, assistés de MM. Herbet et Julien ; pour l'Italie M. Artom, conseiller de légation, et M. Pratolongo, chef de division au ministère de l'agriculture et de l'industrie ; pour la Suisse M. Kern, envoyé plénipotentiaire de la confédération, et M. Feer-Herzog, membre du conseil national ; enfin pour la Belgique M. Fortamps,

Émile de Laveleye

directeur de la Banque de Belgique, et M. Kreglinger, commissaire du gouvernement belge près la Banque nationale. Nous aimons à reproduire ces noms parce qu'ils se rattachent à un acte qu'un journal spécial anglais, l'*Economist*, a pu appeler avec raison l'une des conventions internationales les plus importantes de notre époque. Les procès-verbaux des cinq séances de la commission méritent d'être consultés. Ils montrent avec quelle facilité les nations parviennent à s'entendre quand, oubliant de mesquines susceptibilités, elles ne consultent que leur véritable intérêt. On peut y voir aussi comment, en réglant dans le même esprit d'autres questions économiques, les peuples arriveraient à constituer cette confédération des états unis d'Europe qui assurerait la paix et produirait un accroissement de bien-être semblable à celui dont s'enorgueillissent les États-Unis d'Amérique.

Il est important de connaître les principales dispositions de la convention du 23 décembre 1865, car ce sont celles qui règlent actuellement la circulation monétaire dans les quatre états qui ont pris part au traité. Et d'abord, constatons-le avec regret, le principe du double étalon a été maintenu, contrairement à l'opinion unanime des commissaires, afin de ne pas soulever l'opposition des chambres françaises, qui n'étaient point prêtes encore, assurait M. de Parieu, à abandonner le système de l'an XI. Les commissaires belges avaient insisté vivement pour l'adoption de l'étalon unique d'or, et les représentans de l'Italie et de la Suisse les avaient appuyés. M. de Parieu, à en juger par ses écrits sur la question, semble être du même avis. C'est à tort, croyons-nous, qu'on a craint l'hostilité du corps législatif en France. La mesure, clairement exposée et résolument défendue par le gouvernement, aurait été Votée sans difficulté.

D'après les termes de la convention l'étalon d'or est représenté par des pièces de 20, de 10 et de 5 fr., l'étalon d'argent par l'écu de 5 fr., qui conserve son ancien titre. Les pièces de 2 fr., de 1 fr. et de 50 cent, sont réduites à l'état de billon par l'abaissement du titre à 835 millièmes de fin. La Suisse jouit d'un délai qui s'étend jusqu'en 1878 pour retirer de la circulation la monnaie d'appoint qu'elle a fabriquée au titre de 800 millièmes. En attendant, ses pièces seront reçues sur le même pied que celles des autres états. La quantité maximum de monnaie d'appoint que chaque pays peut émettre est en raison de la population qu'il aura à l'expiration du traité, c'est-à-dire au 1er janvier 1880, à en juger d'après la moyenne de l'accroissement précédent : elle est fixée à 6 fr. par habitant, de manière que la part de la France s'élève à 239 millions, celle de l'Italie à 141 millions, celle de la Belgique à 32 millions, enfin celle de la Suisse à 17 millions. Il fallait limiter l'émission de la nouvelle monnaie d'appoint, parce que, sa valeur intrinsèque étant inférieure à sa valeur nominale, la fabrication donne un bénéfice que l'un des contractans aurait pu vouloir accaparer en inondant le territoire de l'union de ces pièces de bas aloi.

Il était aussi nécessaire d'enlever au débiteur le droit de se libérer au moyen d'une monnaie qui n'est plus que du billon. C'est pourquoi l'article 6 de la convention porte que les particuliers ne peuvent être astreints à recevoir en paiement des pièces d'appoint que jusqu'à concurrence d'une somme de 50 francs, chiffre emprunté à l'Angleterre ; mais chaque état est tenu de les accepter dans ses caisses sans limitation de quantité. Pour assurer la circulation des monnaies d'appoint des autres états, les caisses publiques les prennent jusqu'à concurrence de 100 francs, et d'autre part, chacun des gouvernemens contractans s'engage à retirer les pièces divisionnaires qu'il a émises et à les échanger contre valeur égale en monnaie courante d'or ou d'argent. Ces mesures sont parfaitement conçues : elles transforment les pièces d'appoint en une sorte de monnaie fiduciaire ou, si l'on veut, de billet de banque métallique, remboursable à vue. Toute dépréciation par excès d'émission est ainsi prévenue, car, s'il s'en manifestait une, le public réclamerait le remboursement des pièces dépréciées, qui seraient par suite expulsées de la circulation jusqu'à ce que la quantité en fût réduite au niveau des besoins. Les états de l'union ont intérêt à connaître les résultats de la convention : un article spécial y a été introduit à cet effet. En vertu de cet article, les gouvernemens contractans se communiqueront annuellement la quotité de leurs émissions de monnaies d'or et d'argent, l'état du retrait et de la refonte de leurs anciennes monnaies. Ils se donneront également avis de tous les faits qui se rapportent à la circulation réciproque de leurs espèces d'or et d'argent. Ces stipulations de confraternité internationale n'annoncent-elles pas l'aube d'un âge meilleur ou la confiance et la bonne entente remplaceront les sentimens de défiance et d'hostilité

Émile de Laveleye

qui divisent encore trop souvent les peuples ? Enfin, pour que la convention puisse se généraliser, il est stipulé que tout état qui en acceptera les obligations et qui adoptera le système monétaire de l'union pourra en faire partie. Déjà l'état pontifical s'est décidé à entrer dans cette voie, et la Roumanie s'apprête à en faire autant. Il reste à examiner maintenant comment on pourrait obtenir l'adhésion des autres pays et principalement de l'Angleterre, avec qui l'union fait un commerce si considérable et chaque année croissant.

Partie II

La monnaie anglaise est, basée non point sur le système décimal, mais sur un système duodécimal imparfaitement appliqué. L'unité monétaire est la livre sterling ou *sovereign*, qui se divise en 20 *shillings* valant chacun 12 *pence*. Depuis 1824, la question de la réforme de la monnaie anglaise sur la base du système décimal n'a pas cessé d'être agitée. Un nouveau système, connu sous le nom de *pound and mil scheme*, a été à diverses reprises introduit au parlement. En 1854, une association, la *Décimal Association*, s'est constituée sous la présidence d'un membre du parlement mort depuis, M. William Brown, pour faire apprécier au public les avantages du système décimal. La réforme consisterait à diviser la livre en 10 *florins*, chaque florin valant 2 shillings et se subdivisant en 100 *mils*. Le *mil* formerait ainsi la millième partie du souverain, et équivaudrait, à un demi-sou français, soit 2 centimes 1/2. Les adversaires de ce système n'en contestent pas la supériorité, mais ils prétendent qu'on ne doit pas toucher légèrement à l'instrument des échanges auquel se rattachent toutes les notions de valeur et toutes les transactions. Le congrès de statistique réuni à Londres en 1860 et à Berlin en 1863 s'est prononcé en faveur d'une monnaie internationale basée sur le système métrique. Enfin la convention du 23 décembre 1865, qui a constitué une union monétaire, — *münzverein*, comme disent très bien les Allemands, — comprenant un groupe de 68 millions d'âmes, a de nouveau appelé l'attention publique sur ce sujet en Angleterre, et h majorité des hommes compétens qui se sont occupés de la question se prononce très nettement en faveur d'une convention qui établirait un instrument d'échange, commun et uniforme moyennant certaines concessions réciproques. Les recueils spéciaux se prononcent généralement dans le même sens, et M. Frederick Hendriks vient de publier à ce sujet un écrit très remarqué, où il indique les moyens de réaliser l'union monétaire entre l'Angleterre et les quatre états qui ont adopté le système français.[1]

La distance qui sépare la monnaie anglaise de la monnaie française est bien minime.[2] La livre sterling contient 60 milligrammes d'or de plus que 25 francs d'or français, et cette minime quantité d'or ne vaut que 20 centimes. Vingt centimes de plus, voilà donc le seul obstacle à l'union monétaire de deux nations qui ont tant d'intérêt à se rapprocher. Remplacez dans le *sovereign* 60 milligr. d'or par 144 milligr. d'alliage, et l'union est accomplie. Pour apprécier combien cette différence est peu importante, il faut savoir qu'elle dépasse à peine la tolérance accordée par la convention du 23 décembre 1865 à l'imperfection de la fabrication et à l'usure, ou, pour employer le mot technique, au *frai*. La tolérance de fabrication est de 2 millièmes, soit 16 milligrammes par pièce de 25 francs, et la tolérance du *frai* est de 1/2 pour 100, soit encore 40 milligr. Donc la tolérance totale est de 56 milligr., c'est-à-dire qu'une pièce qui aurait perdu ce poids serait encore reçue en paiement. En appliquant cette disposition aux *sovereigns*, ils arriveraient, au bout de peu d'années de service, à ne valoir plus que 25 francs, sans qu'on eût besoin de les refondre, car ils perdent annuellement, d'après des expériences soigneusement contrôlées, environ 1 milligramme par gramme, soit 8 milligrammes par an. La tolérance pour le *frai* est en Angleterre de 54 milligr. valant 17 centimes. Il ne s'en faut donc que de 3 centimes qu'un certain nombre de souverains n'aient dès maintenant la valeur à laquelle il faudrait les abaisser pour arriver à la pièce internationale de 25 fr., et d'après M. Hendriks plusieurs déjà ne valent point davantage. Quant aux autres *souverains* qui ont encore leur poids réglementaire, l'abaissement du titre à 900 millièmes donnerait un bénéfice suffisant pour couvrir les frais de refonte.

---

1 *Déclinai coinage* by Frederick Hendriks, 1866.

2 La livre sterling pèse 7g,980, et, étant à 916 millièmes de fin, contient 76,318 d'or pur et vaut 25 francs 20 cent. Une pièce d'or française de 25 fr. **pèserait 85,064, ou 84** milligr. de plus ; mais, étant d'an titre moins élevé, — 900 millièmes de fin, — elle ne contiendrait que 78,258 d'or pur ou 60 milligr. de moins.

Émile de Laveleye

Les rigoristes de l'économie politique attaqueraient probablement une semblable mesure en disant qu'elle aboutit à une spoliation de tous les créanciers et notamment de ceux de l'état ; mais, comme le remarque M. Hendriks, le moindre impôt sur le revenu atteint les rentiers d'une façon bien plus sensible. On peut affirmer que nul ne songerait à réclamer. L'exemple de la réforme monétaire exécutée en Hollande en 1839 le prouve. A cette époque, la quantité d'argent pur contenu dans le florin fut abaissée de 9g,613 à 9g,450, soit de 3 centimes sur une valeur de 2 francs 11 centimes. C'est une réduction qui équivaudrait à environ 38 centimes par souverain, donc au double de celle que le royaume-uni devrait appliquer. Or si cette réduction s'est faite sans difficultés et sans réclamations dans un pays où toutes les questions financières sont traitées avec l'attention la plus scrupuleuse, on peut affirmer qu'il en serait de même en Angleterre.

Aux États-Unis, le congrès est disposé à adopter le système métrique et même le système monétaire français. Le dollar vaut actuellement 5 francs 18 centimes. Il faudrait donc lui faire subir une réduction de 18 centimes, c'est-à-dire presque 5 fois plus considérables que celle qui atteindrait le souverain anglais ; mais cette réduction de la valeur de l'unité monétaire serait tout à fait insignifiante et inappréciable après un temps où l'excès d'émission en papier-monnaie a déprécié l'instrument des échanges du tiers et même de la moitié. Le nouveau dollar d'or équivaudrait exactement à 4 shillings anglais et la pièce de 5 dollars au nouveau souverain à 900 millièmes de fin. On arriverait ainsi à un instrument d'échange commun aux deux peuples anglo-saxons, qui font ensemble un chiffre d'affaires si considérable. Le dollar d'or valant 2 roupies pourrait devenir la monnaie de l'Inde anglaise, et contribuerait à restreindre les continuelles expéditions d'argent qu'exige maintenant le commerce avec l'Orient.

Bientôt sans doute les autres états civilisés demanderaient à faire partie d'une union qui embrasserait l'ouest de l'Europe, le sud de l'Asie et toute l'Amérique. L'Autriche, assure-t-on, est disposée à s'engager dans cette voie. Il lui serait facile d'entrer dans l'union, car son florin vaut environ 2 francs 48 cent. Ainsi 2 florins vaudraient notre pièce de 5 francs, à 4 centimes près. Elle n'a pas de monnaie d'or ; il lui suffirait donc de battre des pièces de 2 et de 10 florins d'or identiques à celles de l'union. Elle pourrait aussi abaisser légèrement le titre de la monnaie d'argent de façon à rentrer dans les conditions de la convention. D'autre part l'union reviendrait peut-être à la pièce belge de 2 francs 50 centimes, qui alors correspondrait exactement au florin autrichien. Puisque l'Autriche doit passer du régime d'un papier-monnaie déprécié aux paiemens en espèces, un changement lui serait facile. L'assimilation du thaler prussien présenterait des difficultés plus grandes ; mais le napoléon d'or circule déjà en grande quantité en Allemagne, et les avantages qu'il présente sont si appréciés qu'un congrès d'économistes de ce pays en a récemment recommandé l'adoption, de sorte que même de ce côté on pourrait espérer un rapprochement. En Espagne, nous trouvons le doublon de 100 réaux valant 25 francs 84 centimes. Ici encore il faudrait opérer une réduction à peu près aussi importante que pour le dollar américain. L'Espagne n'aurait qu'à suivre l'exemple de ses anciennes colonies de l'Amérique du Sud, le Chili, l'Equateur, la Nouvelle-Grenade, qui ont tout simplement introduit chez elles la pièce de 5 francs divisée en 100 centimes. Le réal serait ramené à 25 centimes, et 4 réaux vaudraient 1 franc. L'Espagne pourrait ainsi accepter facilement la convention du 23 décembre dans toutes ses parties. Ses relations d'affaires avec la France et même ses transactions intérieures y trouveraient un grand avantage, car actuellement l'écu de 5 francs circule abondamment de l'autre côté des Pyrénées, quoiqu'il ne corresponde pas exactement aux valeurs de compte du pays. Le Portugal pourrait aussi entrer dans l'union en abaissant la valeur de l'unité monétaire. Le *milreis* portugais vaut depuis 1856 5 francs 60 centimes ; il faudrait le ramener au taux du dollar d'or. La Russie même est moins éloignée du système français que l'Espagne et le Portugal. La *demi-impériale* de 5 roubles vaut 20 francs 66 centimes. En enlevant au rouble pour 13 centimes de métal fin, la *demi-impériale* équivaudrait au napoléon d'or. La Russie étant réduite comme l'Autriche à une monnaie de papier notablement dépréciée, cette réduction pourrait s'accomplir sans apporter aucun trouble dans les transactions et sans même que personne s'en aperçût. Pour le moment, ce ne serait qu'une réforme théorique ; mais elle porterait des fruits quand la Russie reprendrait les paiemens en argent.

La réduction plus ou moins forte, que la plupart des

Émile de Laveleye

gouvernemens devraient faire subir à leur unité de compte ne peut être considérée comme un obstacle. Là où elle serait légère, personne ne s'en plaindrait. En très peu de temps, la nouvelle monnaie de l'union remplacerait l'ancienne. Les réductions opérées dans ces dernières années en Hollande, aux États-Unis, dans les républiques espagnoles, n'ont soulevé aucune difficulté. En Italie, la *livre* piémontaise, c'est-à-dire le franc, s'est naturalisée avec une étonnante rapidité dans toute la péninsule. Les anciennes pièces d'or du Piémont circulaient en France sur le même pied que les napoléons. Dans les pays où la réduction aurait une importance véritable, comme en Portugal, il conviendrait, pour ne pas léser les créanciers, d'établir un tarif de conversion de la monnaie ancienne en monnaie nouvelle, tarif qui servirait de base au paiement des dettes antérieures à la réforme. C'est ce qu'on a fait en France lorsqu'on a substitué le franc à la livre. De cette manière les exigences les plus rigoureuses seraient satisfaites.

Il est une autre objection qu'on a soulevée en Angleterre. Comme on y attache un grand prix à la perfection du monnayage, on a dit qu'il serait imprudent d'admettre dans la circulation des pièces fabriquées d'après des procédés moins rigoureux que ceux usités à la Monnaie britannique. A cette objection, il y a d'abord à répondre que les pièces d'or françaises ne sont pas moins bien fabriquées que les *souverains* anglais, et ensuite qu'il y a un remède fort simple au danger qu'on signale. Il est facile de vérifier le titre des pièces émises par les différens états de l'union. Celles fabriquées par l'un d'eux étant reconnues imparfaites, il serait averti d'avoir à donner plus de soin au monnayage. S'il ne voulait ou ne pouvait pas se conformer aux prescriptions de la convention, il serait exclu de l'union, et ses pièces frappées d'interdit. Un article formel serait adopté à cet effet.

Partie III

Nous avons indiqué les concessions que devraient faire les pays étrangers en modifiant la valeur de leur unité monétaire. La France de son côté devrait se décider à en faire une, très importante il est vrai, mais réclamée à la fois et par ses alliés et par la grande majorité des économistes. Il faudrait qu'elle renonçât franchement au système du double étalon pour adopter le système anglais de l'étalon unique d'or. Sans doute l'union monétaire peut s'établir au moyen des pièces d'or internationales, chaque pays restant libre de traiter l'argent comme monnaie de compte ou comme billon ; mais l'intérêt même de la France lui commande de renoncer spontanément au double étalon. Ce système, je le sais, est encore défendu par des écrivains dont l'autorité est grande et qui font valoir des argumens très sérieux. D'abord, disent-ils, quand un pays à les deux métaux pour agens de la circulation, toutes choses égales d'ailleurs, il sera toujours mieux fourni de monnaie. L'or devient-il rare, restera l'argent ; l'argent au contraire gagne-t-il en valeur, et par suite s'exporte-t-il, l'or viendra le remplacer. Il s'établira ainsi une sorte de compensation. Les prix hausseront, il est vrai, d'une manière plus sensible au bout d'un certain temps, parce que le double étalon est plus exposé à s'avilir, mais ils seront moins sujets à ces fluctuations brusques que la rareté du métal privilégié leur imprime dans les états à étalon unique. Dans sa remarquable déposition devant la commission d'enquête au sujet des banques, déposition qui forme un traité complet de la matière si difficile de la circulation, M. Wolowski s'est servi d'une image qui rend bien compte de l'avantage relatif du double étalon. Il le compare au pendule des horloges de précision qu'on fait aussi de deux métaux, afin que, l'inégale dilatation des deux corps faisant compensation, le mouvement soit plus régulier.

On a dit encore qu'avec l'emploi simultané de l'or et de l'argent les banques pouvaient mieux défendre leur encaisse et échapper ainsi à la nécessité d'élever le taux de l'escompte. Est-ce l'or que le commerce veut exporter ? La banque ne paie ses billets qu'en argent. Est-ce au contraire l'argent ? Elle ne donne que de l'or. Nous n'examinerons pas ici ce qu'il peut y avoir de vrai dans ces deux argumens. Cela exigerait une analyse longue et délicate ; mais, même en les admettant, il n'en reste pas moins certain que les inconvénient du double étalon l'emportent incomparablement. Locke en avait déjà signalé le principal avec une précision qu'on s'étonne de rencontrer à une époque où les questions économiques étaient encore si peu élucidées. « Deux métaux tels que l'or et l'argent, dit-il, ne peuvent servir au même moment, dans le même pays, de mesure dans les échanges, parce qu'il faut que cette mesure soit toujours la même et reste dans la même proportion de valeur. Prendre pour mesure de la valeur commerciale des matières qui n'ont pas entre elles un rapport fixe et invariable, c'est comme si l'on choisissait pour mesure de la longueur un objet qui fût sujet à s'allonger ou à se rétrécir. Il faut donc qu'il n'y ait dans chaque pays qu'un seul métal qui soit la monnaie de compte, le gage des conventions et la mesure des valeurs. » Il serait difficile de mieux dire. Qu'on nous permette un exemple qui rendra plus frappante l'idée si juste de Locke. Prenez un cube de fer et un cube de tourbe, qui à un moment donné pèsent tous les deux 1 kilogramme, et déclarez-les également étalon de poids ; qu'en résultera-t-il ? C'est que le marchand se servira alternativement de l'un et de l'autre poids, suivant l'état hygrométrique de l'atmosphère. S'il fait humide, il prendra le kilo de fer ; mais du moment que la sécheresse de l'air aura diminué le poids de la tourbe, il emploiera cet étalon, afin de livrer une moindre quantité de ses marchandises. Le double étalon a donc pour effet de permettre au débiteur de faire une banqueroute partielle en livrant toujours la monnaie qui a le moins de valeur.

Le double étalon est une contre-vérité ; il est sans cesse démenti par la nature des choses. La loi prétend établir entre l'or et l'argent le rapport fixe de 15 1/2 et, et ce rapport n'existe presque jamais, parce qu'entre deux marchandises il n'y a pas de relation immuable. Toutes les valeurs sont sujettes à de constantes variations. Dans l'antiquité, l'or ne valait que 10 ou 12 fois l'argent, et dans l'extrême Orient il en est encore de même. Avant la découverte des *placers* australiens et californiens, la valeur de l'or était à celle de l'argent comme 15 3/4 est à 1, puis elle est tombée à 15 1/4 ; aujourd'hui elle tend de nouveau à se relever. Le système monétaire est donc constamment en contradiction avec les faits. De là résulte qu'il n'est qu'une fiction : le but qu'on poursuit n'est point atteint. Jamais l'or et l'argent n'ont circulé en même temps d'une façon régulière quand les deux métaux étaient déclarés étalon, — *légal tender*, — c'est-à-dire lorsqu'on pouvait s'acquitter de toute dette soit avec de l'or, soit avec de l'argent. Toujours la monnaie dépréciée a seule été maintenue dans la circulation. Toutdébiteur livre la monnaie qui a le moins de valeur, et les commerçans en métaux précieux, quand l'argent est rare et fait prime, ont intérêt à acheter les pièces faites de cette matière en les payant au moyen de pièces d'or, et à faire l'opération inverse quand c'est l'or qui a le plus de valeur. L'histoire des monnaies dans tous les pays prouve que cette spéculation a toujours été pratiquée. En Angleterre, pendant le XVIIIe siècle, l'or, étant évalué trop haut par la loi, resta seul dans la circulation ; l'argent, qui relativement avait ne plus grande valeur commerciale, était exporté. En France, depuis l'an XI jusque vers 1848, ce fut le contraire. La valeur légale de l'or étant inférieure à sa valeur réelle, l'argent faisait l'office d'intermédiaire général des échanges ; mais aussitôt que l'or s'avilit par la production des nouvelles mines, il afflua, remplaçant l'argent qui valait plus que le taux légal. Ainsi donc il n'y a jamais qu'un seul métal qui serve d'agent à la circulation, et c'est toujours le plus déprécié.

Avec le double étalon, la commune mesure des valeurs, qui est la monnaie, est exposée à une double chance de dépréciation. Lorsqu'un accroissement dans la production fait baisser l'or, aussitôt l'or s'introduit dans le pays, et l'étalon est déprécié. Lorsque la même circonstance se présente pour l'argent, ce métal prend la place de l'or, et une nouvelle dépréciation se produit. Ainsi instabilité de tout le système, base contraire à la réalité des faits, impossibilité de maintenir les deux métaux dans la circulation, double chance de dépréciation, tels sont les vices qui doivent faire rejeter le double étalon. La convention du 23 décembre l'a maintenu en conservant. l'écu de 5 francs à 900 millièmes de fin. C'est un grand danger pour l'avenir. C'est par là que le système de l'union est exposé à périr. C'est comme l'amorce d'une pompe aspirante au moyen de laquelle, à un moment donné, on pourra enlever toute la monnaie d'or qui circule maintenant. Que les mines d'argent du Mexique et des Montagnes-Rocheuses viennent à être largement exploitées par les Américains, que les *placers* d'or continuent à s'appauvrir, et l'argent s'avilira relativement à l'or. Aussitôt on fera monnayer de l'argent, on exportera l'or, et les états de l'union seront de nouveau réduits à cette monnaie lourde et gênante dont nous sommes tout à fait déshabitués. La communauté monétaire avec les pays à étalon d'or sera rompue, car les pièces internationales d'or disparaîtront chez nous de la circulation. L'association universelle constituée au prix de tant d'efforts sera rompue, faute de lui avoir donné pour fondement un principe juste, logiquement appliqué. Adopter l'étalon unique serait tout simplement rétablir le système français

Émile de Laveleye

dans sa rigueur primitive. Le législateur de l'an lui n'avait admis qu'un seul étalon, le franc, c'est à dire 5 grammes d'argent à 9/10 de fin. Ce n'est que plus tard, et par dérogation au principe, qu'en l'an XI le rapport fixe de 1 à 15 1/2 fut établi afin d'avoir aussi de la monnaie d'or ; mais il est temps de revenir au système défendu par la haute raison de Locke et par l'éloquence de Mirabeau : c'est le vœu formel des trois états qui ont contracté avec la France, ce serait probablement la première condition d'une entente avec l'Angleterre et avec l'Amérique.

Étant décidé qu'il ne faut qu'un seul étalon, se trouvera-t-il encore quelqu'un pour réclamer cet honneur en faveur de l'argent ? Il y a quelques années, M. Michel Chevalier avait si pertinemment démontré la baisse probable de l'or qu'une sorte d'aurophobie se déclara, qui porta plusieurs états à démonétiser l'or. On croyait qu'il fallait se hâter de se mettre à couvert des désastres qu'allait amener l'inondation du métal californien. Aujourd'hui ces vaines terreurs se sont dissipées, et M. Michel Chevalier lui-même est réconcilié avec l'or. L'or continue à affluer dans la proportion de plus d'un demi-milliard par an ; la proportion entre la production de l'or et de l'argent est renversée : en 1800, sur un total de 300 millions, celle de l'or était de 28 et celle de l'argent de 72 pour 100 ; en 1863, sur un total de 800 millions, celle de l'or est de 67 et celle de l'argent seulement de 33 pour 100, et cependant le rapport de valeur des deux métaux n'a pas sensiblement changé. Depuis deux ou trois ans, la prime de l'argent disparaît du moment que les exportations vers l'Indo-Chine se ralentissent, et en 1865 l'importation de ce métal en France a dépassé l'exportation de 73 millions de francs. Dans l'avenir, la baisse de l'argent sera même probablement plus rapide que celle de l'or. M. Michel Chevalier en a très bien indiqué les motifs dans la première édition de son livre la Monnaie.[1] Le minerai d'argent est infiniment plus abondant que le minerai d'or, et le perfectionnement des procédés d'extraction peut augmenter

---

1 « Je ne repousse pas absolument, disait M. M. Chevalier, l'opinion de lord Liverpool quant à la plus grande fixité de l'or pour de longues périodes. A cela il y a une raison tirée de ce que les procédés d'extraction de l'or, beaucoup plus simples que le traitement du minerai d'argent, ne se prêtent pas à autant de perfection-nemens ; c'est donc un motif pour, que, à l'égard de l'or, la mobilité des frais de production soit moindre quand on embrasse de longs intervalles de temps pendant lesquels les arts peuvent faire des progrès. »

énormément la quantité de ce métal annuellement produite. Il est certain que la valeur des métaux précieux diminuera. Il est plus difficile de déterminer lequel des deux sera le plus fortement atteint, mais tout porte à croire qu'en définitive ce sera l'argent.

Quoi qu'il en soit, l'or est la monnaie des grandes affaires et des nations avancées en civilisation. La monnaie d'or est si indispensable que, pour en avoir une, le législateur français de l'an XI a été infidèle au principe du système adopté peu d'années auparavant. En Allemagne, on demande des pièces d'or, et à défaut d'une monnaie nationale on admet les napoléons dans la circulation. L'argent est trop incommode pour servir aux transactions importantes ; il appelle une forte émission de billets de banque, même de très petites coupures, expédient fâcheux dont les inconvéniens ont été parfaitement expliqués, récemment encore, par MM. Wolowski et Cernuschi. Il n'y a donc pas à hésiter, c'est au système anglais de l'étalon d'or que l'union devra se rallier.

Le numéraire a-t-il perdu de sa valeur depuis l'afflux de l'or californien et australien, et dans quelles limites sa puissance d'achat a-t-elle été réduite ? Un économiste allemand très consciencieux dans ses recherches, M. Soetbeer, est arrivé à constater une baisse moyenne de 10 pour 100 en examinant les prix des 150 principales marchandises sur le marché de Hambourg. M. Jevons, en raison de calculs du même genre faits en Angleterre, croit que la baisse est au moins de 15 pour 100 ; mais un autre économiste anglais qui joint à une connaissance approfondie des détails des vues élevées embrassant l'ensemble du sujet, M. Cliffe Leslie, fait remarquer que ces moyennes, calculées sur les grands marchés de Londres et de Harabourg, ne donnent qu'une idée très incomplète de l'influence exercée sur les prix par les 8 ou 10 milliards d'or versé dans la circulation du monde depuis vingt ans. La hausse des prix s'est fait sentir d'une façon très inégale dans les différentes localités : énorme en certains endroits, elle a été à peine sensible dans d'autres. Grâce aux chemins de fer, au libre échange, aux progrès de la navigation, aux relations commerciales de plus en plus développées, les prix tendent à se niveler. Là où ils étaient très bas, ils se sont considérablement élevés, d'abord parce que les produits étaient transportés à moindres frais sur les grands marchés de consommation, ensuite parce que l'or nouveau affluait

Émile de Laveleye

dans les lieux où, par sa rareté, il avait la plus grande puissance d'acquisition.[1] L'Angleterre, où aboutissent les deux grands courant ininterrompus d'or venant de la Californie et de l'Australie, a conservé très peu de ces trésors sous forme de monnaie, 1/2 milliard au plus ; elle les a distribués dans le monde entier pour payer les produits qu'elle consomme en quantités sans cesse croissantes. Ce n'est donc pas en Angleterre, ni même à Londres ou dans les grandes villes que les prix, sauf ceux des maisons, ont haussé le plus, c'est dans les contrées récemment sorties de leur isolement. Comme le dit très bien M. Leslie, prenez une carte des chemins de fer exploités et de ceux qui sont en construction, et vous pourrez indiquer les régions où les prix ont augmenté déjà et celles où ils augmenteront bientôt. L'or a servi de véhicule à ce vaste mouvement industriel et commercial, qui tend à égaliser partout les conditions économiques et à mettre en valeur les ressources naturelles des pays arriérés au moyen des capitaux et du génie d'entreprise des peuples avancés.

La baisse de l'or et la hausse corrélative des prix ne sont point d'ailleurs des phénomènes dont il faille s'alarmer. Comme toute révolution économique, ils sont accompagnés de gêne pour quelques-uns ; mais au total le bien qu'ils produiront surpassera le mal. Le taux des salaires et des traitemens, celui des profits et de la rente finiront par se régler d'après la valeur décroissante de la monnaie. Ceux-là seuls seront atteints qui jouissent du revenu d'un capital. qu'ils cessent de faire valoir, c'est-à-dire les rentiers.

1 M. Cliffe Leslie cite à ce sujet des faits très curieux emprun-
tés aux rapports que les consuls britanniques adressent à leur gouvernement. Ainsi de 1854 à 1860 les prix à Bilbao ont à peu près doublé.

	1854	1860
Viande de bœuf, la livre	2 pence 1/2.	4 pence
Viande de mouton, la livre	2 pence 1/2	4 pence 3/4
Pain, la livre	1 pence	2 pence
Œufs, la douzaine	3 pence 3/4	7 pence 1/2

En Irlande, la viande a triplé de prix depuis vingt ans. De 3 pence la livre, elle s'est élevée à 10 pence. Des tableaux officiels prouvent que depuis 1849 les prix ont plus que doublé dans l'Inde, et que dans certaines provinces ils ont triplé.

Partie III

Toutes les dettes anciennes, nominalement les mêmes, pèseront moins lourdement sur les débiteurs. La dette de l'état, dont tous les contribuables sont chargés, sera réduite. Dans les républiques antiques, les législateurs abolissaient de temps en temps toutes les dettes. Au pays d'Israël, la grande année jubilaire apportait à tous libération entière. Il semble que l'humanité ait besoin ainsi de s'affranchir parfois des charges anciennes pour recommencer à nouveau l'œuvre du travail dans sa liberté première. La délicatesse moderne ne tolère plus les expédiens sommaires de l'antiquité, mais la baisse régulière des métaux précieux conduit à peu près au même résultat. Les rentes stipulées en numéraire qui remontent au moyen âge sont réduites presque à rien, tant l'argent a perdu de sa puissance d'acquisition. Ne nous en plaignons pas : toute dépréciation de la monnaie profite à ceux qui vivent du travail actuel, et ne huit qu'à ceux qui subsistent sur le revenu du travail passé. Au XVIe siècle, l'abondance des métaux précieux a contribué à l'élévation de la bourgeoisie ; au XIXe siècle, l'abondance de l'or contribuera à l'émancipation du peuple.

En résumé, l'union monétaire universelle devrait adopter l'étalon d'or sous forme d'une monnaie internationale qui prêterait aux équations suivantes : la pièce de 25 francs, ou 8g,06451 d'or à 9/10es de fin = 1 souverain = 10 florins = 5 dollars = 5 milreis = 5 doublons ou 100 réaux = 10 roupies ; la pièce de 20 francs, ou 6g,45161 d'or, = la demi-impériale russe, ou 5 roubles ; la pièce de 5 francs, ou 1g,61290 d'or = 1 dollar = 1 milreis = 20 réaux. Il conviendrait de créer des pièces nouvelles pour l'union monétaire universelle. L'une des faces de ces pièces porterait l'empreinte de l'état qui les a émises, et représenterait le principe indestructible des nationalités ; l'autre face indiquerait l'équivalence de valeur en raison de laquelle elles circuleraient partout, et représenterait l'unité fraternelle de l'espèce humaine.

Les conditions de la convention du 23 décembre seraient appliquées aux pièces d'or internationales. Quant aux monnaies divisionnaires d'argent, chaque état demeurerait libre d'adopter celles du système français, en acceptant les conditions qui en règlent l'émission et la circulation ; l'uniformité ne serait essentielle que pour la monnaie d'or étalon.

Reste à examiner encore comment il serait possible d'arriver à

Émile de Laveleye

cette utile réforme. La convention du 23 décembre 1865 indique suffisamment la marche à suivre. Que le gouvernement français, au nom de l'union constituée par cette convention, propose aux autres états, à l'occasion de l'exposition universelle, la réunion d'un congrès à Paris pour rechercher les meilleurs moyens d'arriver à l'adoption d'un instrument commun de la circulation. En présence de ces produits si variés de l'industrie que chaque nation tour à tour désire vendre ou acheter, toutes comprendront combien il est urgent d'en faciliter l'échange. L'appel de la France serait entendu. Comme les délégués se réuniraient non pas en vue d'adopter un programme arrêté d'avance, mais afin d'en chercher la formule, nul gouvernement n'aurait de prétexte plausible pour s'abstenir, et il n'y aurait pas à craindre de voir se reproduire les objections qui ont fait avorter le congrès politique de1864. Déjà le *Livre jaune* nous montre que plusieurs états ont fait des ouvertures à la France au sujet de la question monétaire. L'Autriche, qui a décimalisé sa monnaie, est disposée à se rapprocher davantage encore du système français : c'est sans doute pour cela qu'elle vient, il y a quelques jours à peine, de dénoncer la convention monétaire qui la liait à la Prusse. Les États-Unis, avides de progrès nouveaux, accueilleraient certainement avec faveur l'idée d'une confédération monétaire universelle. L'Espagne, le Portugal entreraient dans la même voie. Ce serait peut-être de la part de l'Angleterre qu'il y aurait le plus de résistances à craindre, quoique le changement qu'elle aurait à introduire soit extrêmement minime, et que nul pays ne dût profiter plus qu'elle de la réforme proposée. Le gouvernement anglais a toujours montré à ce sujet la plus inexplicable indifférence et la plus fâcheuse inertie. Cependant le regrettable prince Albert avait mis toute son influence au service de cette cause et un membre influent du ministère actuel, lord Stanley, appuyait en 1855, au sein de la chambre des communes, le système monétaire décimal proposé par M. William Brown. D'ailleurs le gouvernement anglais, invité par le gouvernement français, non à adopter tel ou tel projet, mais simplement à nommer des délégués pour rechercher en commun le moyen d'arriver à une entente, aurait si mauvaise grâce à s'y refuser, que l'opinion serait unanime en Angleterre pour le blâmer énergiquement. Un fait tout récent montre que de l'autre côté du détroit la question est résolue pour la majorité des hommes compétens.

Le 19 février dernier se réunissaient les délégués des chambres de commerce du royaume-uni, le conseil de l'Association internationale pour le système décimal et le Comité du système métrique de l'Association britannique. Sir John Bowring présidait l'assemblée. En Angleterre, quand une réunion a adopté des résolutions, elle les fait imprimer sur une feuille volante pour les distribuer de toutes parts, moyen de propagande excellent, peu coûteux et allant droit au but. Parmi les résolutions votées le 19 février, je traduis la suivante, proposée par M. F. Hendriks et appuyée par MM. Samuel Brown, vice-président de la Société de statistique, et John Kupli ; consul de Suisse : « L'opinion de ce *meeting* est que la convention monétaire récemment intervenue entre la France, l'Italie, la Suisse et la Belgique est une mesure qui mérite une entière approbation, parce qu'elle aura pour effet de faciliter et d'activer les opérations internationales de commerce, de banque et d'échange, non-seulement entre les nations contractantes, mais aussi avec les autres pays. Le *meeting* est aussi d'avis que les clauses de cette convention, en tant qu'elles pourraient être appliquées au système monétaire du royaume-uni, appellent l'attention et l'appui de tous ceux qui s'intéressent au progrès des rapports pacifiques entre les différens peuples. »

Passant ensuite de la question de principes à celle de l'application, l'assemblée décida, sur la proposition du professeur Leone Levi, qu'il était désirable que les chambres de commerce fussent représentées à la conférence spéciale qui se rattache au département des poids, mesures et monnaies à l'exposition de Paris. On ne s'en tint pas là. Il fut arrêté aussi qu'une députation agirait auprès du gouvernement pour l'engager à intervenir dans le sens des vœux émis, et que ceux-ci seraient aussi communiqués aux représentans consulaires des différentes nations, afin d'obtenir leur coopération à la mise en pratique des réformes jugées nécessaires. L'initiative individuelle a donc pris les devans en Angleterre. En France, ce serait au gouvernement d'agir. Sans nul doute, une conférence réunie sous la présidence de M. de Parieu aboutirait aux résultats les plus favorables. Le même sentiment de déférence et de sympathie qui a présidé aux séances de la conférence de 1865 assurerait le succès de celle de 1867. Des concessions réciproques aplaniraient

Émile de Laveleye

les principales difficultés ; les susceptibilités de l'orgueil national s'effaceraient devant l'importance du but à atteindre. Les peuples n'ont aucun intérêt à se battre, et, s'ils n'y étaient parfois excités par leurs gouvernans, ils n'en auraient nulle envie. Pour rendre plus forte, plus efficace cette aversion de la guerre, multipliez toutes les relations auxquelles la monnaie sert d'intermédiaire. Que par le libre échange les produits du travail des uns aillent satisfaire les besoins des autres de façon à augmenter le bien-être de celui qui achète, en enrichissant celui qui vend ; que le capital accumulé par telle nation serve à féconder l'industrie de telle autre, et alors une lutte à main armée sera presque aussi onéreuse aux vainqueurs qu'aux vaincus. Vous ne pourrez ruiner l'ennemi sans compromettre l'épargne que vous aurez placée sur son territoire, et en frappant un adversaire vous tuerez un débiteur. Les sentimens de paix prennent de plus en plus d'empire ; ils dominent en France non moins qu'en Angleterre, comme viennent de le prouver les émouvans débats de la chambre des députés. Qu'on s'empresse donc d'adopter toutes les réformes qui peuvent fortifier cette entente internationale, en lui donnant pour fondement la communauté des intérêts exprimée par l'unité monétaire. Dans ce palais de l'industrie où les drapeaux de toutes les nations, au lieu de s'entre-choquer sur les champs de bataille, sont réunis en pacifiques faisceaux, le souffle de la fraternité humaine porterait invinciblement à l'union et désarmerait toutes les résistances. Qu'on y réunisse une conférence pour établir l'uniformité des poids, des mesures et des monnaies, et l'exposition de 1867 laissera après elle une conquête qui la rendra mémorable aux générations à venir, la monnaie universelle, circulant partout, franchissant toutes les frontières, symbole saisissant du lien qui embrasse tous les peuples, complément nécessaire du chemin de fer, qui rapproche les hommes, et du télégraphe électrique, qui supprime les distances.

ISBN : 978-1517306816